AF586732

ARREST
DE LA COUR
DU PARLEMENT,

QUI prive THOMAS ARTUR DE LALLY de ses Etats, Honneurs & Dignités; & le condamne à avoir la Tête tranchée en Place de Greve, pour avoir trahi les intérêts du Roi, de son Etat, & de la Compagnie des Indes, & pour abus d'autorité, exactions & vexations.

EXTRAIT DES REGISTRES DU PARLEMENT.

Du six Mai 1766.

VU par la Cour, la Grand'Chambre assemblée, le Procès criminel commencé par le Prévôt de Paris, ou son Lieutenant Criminel au Châtelet, à la requête du Substitut du Procureur Général du Roi, en vertu de l'Arrêt de la Cour du 6 Juillet 1763, continué, fait & parfait en la Cour, en vertu des Lettres Patentes du Roi des 12 Janvier & 1er Avril 1764, regiſtrées en la Cour les 19 Janvier & 7 Avril audit an 1764, à la requête du Procureur Général du Roi, Demandeur & Accuſateur, contre Thomas Artur de Lally, Lieutenant Général des Armées du Roi, Grand-Croix de l'Ordre Royal & Militaire de S. Louis, ci-devant Colonel d'un Régiment Irlandois de ſon nom, Commiſſaire du Roi & Commandant en Chef dans l'Inde; Armand-Antoine-François Fretard de Gadeville, ci-devant Maréchal des Logis de l'Armée du Roi dans l'Inde; Jacques Hugues de Chaponay, ci-devant Capitaine au Régiment de Lally; Jacques Pouly, ci-devant Prévôt de l'Armée du Roi dans l'Inde; Luc Alen, ci-devant Major de l'Armée du Roi dans l'Inde; Guillaume Meagher, Médecin, ci-devant Chirurgien à l'Armée dudit de Lally dans l'Inde; Jean-Ferdinand Rochette, ci-devant Secretaire dudit de Lally; Charles Foſſier, ci-devant Valet-de-Chambre-Perruquier dudit de Lally; Jean Deſchaux, Cuiſinier; Joſeph-François de Ferre, Lieutenant au Régiment de l'Inde, défendeurs & accuſés, priſonniers ès Priſons de la Conciergerie du Palais; & encore contre Anne-Antoine d'Aché, Lieutenant Général des Armées navales du Roi, Commandeur de l'Ordre Royal & Militaire de Saint Louis; Jean Georges, Vicomte de Fumel; Auguſtin-Antoine Derard de Chamboy, & Charles-François de Bazin, auſſi défendeurs & accuſés; & encore contre l'Abbé Noronha, le Frere Freinch, Jacques-Philippe Hurpy, Joſeph-Louis-Denis Jacquelot, le nommé Ramalinga, Noir, & deux Quidams, Lieutenans au Régiment de Lorraine, auſſi accuſés, abſens & contumax: L'Arrêt de la Cour dudit jour 6 Juillet 1763, par lequel il auroit été donné acte au Procureur Général du Roi de ſa plainte faits y énoncés contre ledit de Lally, ſes complices, fauteurs & adhérens, ladite plainte auroit été renvoyée pardevant le Lieutenant Criminel dudit Châtelet, & auroit été ordonné qu'expédition des sept pieces y mentionnées faisant partie de la cote 63 du Procès-verbal de description fait le 18 Juin 1763, par Me Joseph-Marie Terray, Conseiller en la Cour, des effets trouvés dans une chambre de l'Hôtel de la Compagnie des Indes en cette Ville, occupée par le P. de Lavaur, ci-devant soi-disant Jésuite, & déposés au Greffe de la Cour, seroit portée au Greffe Criminel dudit Châtelet, ladite Requête de plainte du Procureur Général du Roi visée audit Arrêt; la Requête présentée par le Substitut du Procureur Général du Roi au Châtelet de Paris, au Lieutenant Criminel dudit Châtelet, tendante, entr'autres choses, à ce qu'en exécution dudit Arrêt, il fût informé des faits mentionnés audit Arrêt, & en la Requête du Procureur Général du Roi, sur laquelle ledit Arrêt avoit été rendu, circonstances & dépendances; l'Ordonnance dudit Lieutenant Criminel du Châtelet du 20 Juillet 1763, portant permission de faire informer desdits faits; l'information faite en conséquence par ledit Lieutenant Criminel le premier Août 1763, & jours suivans, composée de six témoins; les Lettres Patentes du 12 Janvier 1764, par lesquelles la connoissance de tous les délits commis dans les Indes Orientales, relativement à l'administration & au commerce de la Compagnie des Indes, soit avant, soit depuis l'envoi des Troupes sous la conduite dudit de Lally, auroit été renvoyée en la Cour, la Grand'Chambre assemblée, pour lesdits délits y être instruits, & le Procès y être fait & parfait aux auteurs d'iceux, leurs complices & adhérents, suivant la rigueur des Ordonnances; ayant Sa Majesté par lesd. Lettres, & en tant que de besoin, validé les plaintes & procédures qui pourroient avoir été encommencées à l'occaſion deſdits délits, en quelques Tribunaux que ce ſoit, & icelles renvoyées en la Cour, la Grand'Chambre aſſemblée; en conſéquence ordonné que toutes leſdites plaintes & procédures, enſemble tous les mémoires, regiſtres & autres piéces ſervant à conviction, ſeroient portés au Greffe Criminel de la Cour; & néanmoins que pour établir encore d'avantage la ſûreté des priſonniers & le ſecret qu'exige une inſtruction de cette importance, les priſonniers qui étoient alors détenus au Château Royal de la Baſtille, & ceux qui pourroient dans la ſuite y être conduits pour raiſon de ladite inſtruction, continueroient d'y être détenus, ſauf à les transférer dans les priſons de la Conciergerie du Palais, toutes les fois qu'il ſeroit néceſſaire, pour l'inſtruction & le Jugement du Procès, le tout ſuivant qu'il avoit été déja pratiqué en de ſemblables occaſions, leſdites Lettres ſignées LOUIS; & plus bas, *par le Roi*, BERTIN, ſcellées du grand Sceau de cire jaune, & enregiſtrées en la Cour le 19 dudit mois de Janvier 1764: La ſignification faite de l'Arrêt d'enregiſtrement deſdites Lettres au Greffier Criminel du Châtelet, avec ſommation faite audit Greffier par Exploit de Griveau, Huiſſier de la Cour, le 31 Janvier 1764, d'envoyer au Greffe Criminel de la Cour, les procédures & autres pieces mentionnées auxdites Lettres & Arrêt ſous les peines y portées : autres Lettres Patentes du premier Avril 1764, ſignées LOUIS, & plus bas, par le Roi, BERTIN; & ſcellées du grand ſceau de cire jaune, regiſtrées en la Cour le 7 dudit mois, par leſquelles Sa Majeſté auroit ordonné que ſes précédentes Lettres Patentes du 12 Janvier 1764, ſeroient exécutées ſelon leur forme & teneur, & que le Procès encommencé par le Lieutenant Criminel du Châtelet, pour raiſons des faits énoncés auxdites Lettres, ſeroit continué, inſtruit, fait & parfait, & jugé, tant contre ledit de Lally, que contre tous ſes complices, fauteurs & adhérens, ſuivant les derniers erremens, par la Cour, la Grand'Chambre aſſemblée, à la requête du Procureur Général du Roi, validant en tant que de beſoin, toutes les procédures encommencées au Châtelet, en exécution de l'Arrêt du 6 Juillet 1763, à la charge par ladite Grand'Chambre aſſemblée de ſtatuer ſur leſdites procédures en la forme portée par les Ordonnances: La Requête du Procureur général du Roi du 9 Avril 1764, contenant plainte des faits y énoncés, & à ce qu'il lui fût permis d'en faire informer par devant tel Conſeiller qu'il plairoit à la Cour nommer, pour, l'information faite & à lui communiquée, être par lui pris telles concluſions que de raiſon: L'Arrêt de la Cour dudit jour 9 Avril 1764, par lequel il auroit été donné acte au Procureur Général du Roi de la plainte par lui rendue des faits contenus en la Requête dudit jour, viſée audit Arrêt, il lui auroit été permis d'en informer pardevant Me Denis-Louis Paſquier, Conſeiller, pour, ladite information faite, communiquée au Procureur Général du Roi, & vue par la Cour, être ordonné ce que de raiſon: Concluſions du Procureur Général du Roi, à fin de Decrets: Autre Arrêt de la Cour du même jour 9 Avril 1764, par lequel il auroit été ordonné que leſdits de Lally, de Gadeville, Poully, de Chaponnay, le Frere Freinch, Dominicain Irlandois, Meagher, Ramalinga, de Ferre, & deux Quidams, Lieutenans du Régiment de Lorraine, ſeroient pris & appréhendés au corps pour être conduits priſonniers, ſuivant & aux termes des Lettres Patentes du 12 Janvier 1764, enregiſtrées en la Cour le 19 dudit mois; que les nommés Baſin & de Chamboy, Aydes-de-Camp dudit de Lally, ſeroient ajournés à comparoir en perſonnes, & le Vicomte de Fumel, ci-devant Ayde-Major

Général en Chef des Troupes du Roi & de la Compagnie des Indes, feroient affignés pour être tous ouis & interrogés par devant ledit Me Pafquier, Confeiller-Rapporteur, fur les faits réfultans des charges & informations, & autres fur lefquels le Procureur Général du Roi voudroit les faire entendre, & où lefdits de Lally, Poully, Chaponnay, Gadeville, Alen, le Frere Freinch, Meagher, Ramalinga, & les deux Quidams Lieutenans au Régiment de Lorraine, ne pourroient être pris & appréhendés, après perquifitions faites de leurs perfonnes; feroient affignés à quinzaine, leurs biens faifis & annotés, & à iceux Commiffaires établis, jufqu'à ce qu'ils ayent obéi fuivant l'Ordonnance, pour, les interrogatoires faits, communiqués au Procureur Général du Roi, & vus par la Cour, être ordonné ce que de raifon : L'information faite pardevant ledit Confeiller-Rapporteur, le 30 Avril 1764, & jours fuivans, en exécution de l'Arrêt de la Cour du neuf dudit mois, ladite information compofée de trois témoins : Autre Arrêt de la Cour dudit jour 9 Avril 1764, par lequel il auroit été permis audit Me Pafquier, Confeiller-Rapporteur, de fe tranfporter en la maifon du fieur de Leyrit, ci-devant Gouverneur de Pondichery, à l'effet de l'entendre en dépofition, & fi befoin étoit, d'être récolé fur ladite dépofition pardevant Me Pierre-Jacques de Bretigneres, auffi Confeiller en la Cour: Autre Arrêt de la Cour, du 12 Mai 1764, rendu fur la Requête du Procureur Général du Roi vifée audit Arrêt, par lequel il auroit été ordonné, que pardevant le Confeiller-Rapporteur, qui à cet effet fe tranfporteroit partout où befoin feroit, & en préfence de l'un des Subftituts du Procureur Général du Roi, & encore en celle de chacun des accufés féparément, les fcellés ou cachets appofés fur les coffres, caiffes, armoires, valifes, fecrétaires, caſſettes, cartons, malles ou porte-feuilles deſdits accuſés, décretés de priſe de corps, ou ceux qui par la ſuite pourroient être décretés également, ſeroient reconnus par ceux qui les avoient ou auroient apposés, à la premiere ſommation qui leur en ſeroit faite; & à faute de ce faire, que leſdits ſcellés ou cachets ſeroient levés & briſés par ledit Conſeiller-Rapporteur, & ouverture faite deſdits coffres, caiſſes, armoires, valiſes, ſecrétaires, caſſettes, cartons, malles ou porte-feuilles, par le premier Serrurier ou autres perſonnes ſur ce requis; & iceux retirés, que pardevant ledit Conſeiller, en préſence de l'un des Subſtituts du Procureur Général du Roi & de l'Accuſé, Procès-verbal & inventaire ſommaire ſeroient dreſſés des pieces, papiers ou effets qui ſe trouveroient ſous leſdits ſcellés, & leſdites pieces, papiers ou effets, à fur & à meſure dudit Procés-verbal, & à chaque vacation d'icelui, remis avec les autres pieces, papiers ou effets, non encore inventoriés, dans les coffres, caiſſes, armoires, valiſes, ſecrétaires, caſſettes, cartons, malles ou porte-feuilles, ou autres qu'il appartiendra, qui ſeroient ficelés & cachetés à chaque vacation, du cachet dudit Conſeiller, & à la derniere vacation, leſdites pieces, papiers ou effets remis entre les mains du Greffier de la Cour, pour des pieces qui pourroient ſervir à conviction, être fait des liaſſes, leſquelles pieces cotées & paraphées ſeroient remiſes au Greffier, pour être par lui dépoſées au Greffe criminel de la Cour, & ſervir à l'inſtruction du Procés ce que de raiſon, & le ſurplus être remis à qui il appartiendroit: Les Procès-verbaux faits par ledit Conſeiller-Rapporteur, en exécution dudit Arrêt, les 22 Mai, 1er. & 25 Juin 1764, de la levée ordonnée par ledit Arrêt des ſcellés apposés ſur les effets deſdits Accuſés: Autre Arrêt de la Cour dudit jour douze

Mai 1764, rendu ſur la Requête du Procureur Général du Roi, viſée audit Arrêt, par lequel ledit Conſeiller-Rapporteur, enſemble le Conſeiller commis pour faire les récollemens & confrontations ont été autoriſés à ſe tranſporter au Château de la Baſtille, en l'une des chambres du Gouvernement, à l'effet d'y faire ſubir interrogatoire aux Accuſés qui y étoient détenus, & de procéder aux autres inſtructions qui paroîtroient néceſſaires, en exécution de l'Arrêt de la Cour du 9 Avril 1764, & de tous autres Arrêts qui pourroient intervenir dans le cours de l'inſtruction dudit Procès : Les Procès-verbaux de levée des ſcellés des 15, 22 Mai & 1er Juin 1764, faits en exécution dudit Arrêt ; les interrogatoires ſubis en exécution dudit Arrêt de la Cour du 9 Avril 1764, par les de Lally, de Ferre, Meagher, Poully, Alen, de Fumel, Chaponnay, de Gadeville, Bazin & Chamboy, les 22, 24 & 30 Mai 1764, 1er & 5 Juin audit an : Les pieces repréſentées lors deſdits interrogatoires, celles trouvées ſous les ſcellés du ſieur de Leyrit, celles dépoſées au Greffe criminel de la Cour par le Secrétaire général de la Compagnie des Indes, celles dépoſées par le Procureur Général du Roi, & celles trouvées ſous les ſcellés deſdits Accuſés : La Requête du Procureur Général du Roi du 6 Juin 1764, contenant plainte par addition des faits contenus en ladite Requête, circonſtances & dépendances, à ce qu'il lui fût permis d'en faire informer pardevant le Conſeiller-Rapporteur, pour, ladite information faite & communiquée à lui Procureur Général du Roi, être par lui pris telles concluſions que de raiſon : L'Arrêt de la Cour dudit jour 6 Juin 1764, par lequel il auroit été donné acte au Procureur Général du Roi de ſa plainte, des faits portés en ſa Requête viſée audit Arrêt ; il lui auroit été permis de faire informer, par addition, deſdits faits, circonſtances & dépendances,

ces,

ces, dans lesquelles informations pourroient être entendus les témoins, qui l'avoient déja été dans les informations faites tant au Châtelet qu'en la Cour, pour, ladite information faite, communiquée au Procureur Général du Roi, & vûe par la Cour, être ordonné ce que de raison: La continuation d'information faite en exécution dudit Arrêt, pardevant le Conseiller-Rapporteur, le 26 Juin 1764 & jours suivans, ladite continuation d'information composée de trente-six Témoins: Autre Arrêt de la Cour dudit jour 6 Juin 1764, par lequel il auroit été ordonné que les Accusés seroient de nouveau interrogés, & que l'Abbé Noronha, ci-devant Franciscain Portugais, & le nommé Rochette, Secrétaire dudit de Lally, seroient pris au corps & conduits prisonniers, suivant & aux termes des Lettres Patentes du 12 Janvier 1764, enregistrées en la Cour le 19 dudit mois, pour être ouis & interrogés pardevant le Conseiller-Rapporteur, sur les faits résultans des charges & informations; & où lesdits Noronha & Rochette ne pourroient être pris & appréhendés, après perquisitions faites de leurs personnes, assignés à quinzaine, leurs biens saisis & annotés, & à iceux Commissaires établis; auroit été en outre ordonné, que l'information faite en la Cour le trente Avril mil sept cent soixante-quatre & jours suivans, en exécution de l'Arrêt de la Cour du 9 desdits mois & an seroit continuée, & que les témoins ouis dans ladite information, & ceux qui pourroient être entendus de nouveau, ensemble les témoins entendus pardevant le Lieutenant Criminel du Châtelet, seroient récollés en leurs dépositions, & si besoin étoit, confrontés aux Accusés, & lesdits Accusés, & ceux qui pourroient l'être par la suite, récollés en leurs interrogatoires, & si besoin étoit, confrontés les uns aux autres pardevant ledit Me de Bretigneres, Conſeiller, pour, ce fait, communiqué au Procureur Général du Roi, & vû par la Cour, être ordonné ce que de raiſon; par lequel Arrêt ledit de Lally auroit été débouté de la demande par lui formée lors de ſon interrogatoire du 22 Mai 1764: L'interrogatoire ſubi, en exécution dudit Arrêt, par Jean-Ferdinand Rochette, pardevant le Conſeiller-Rapporteur, le 25 Juin 1764: Les interrogatoires ſubis, en exécution dudit Arrêt, pardevant le Conſeiller-Rapporteur, par leſdits de Lally, Chaponnay, Alen, Poully, de Ferre, de Gadeville, Meagher, de Bazin, de Chamboy & de Fumel, les 14 Juin, 4,12,15,19 & 29 Juillet, & 12 Août 1765: Les Procès-verbaux de recollemens des Témoins entendus dans les informations faites tant pardevant le Lieutenant Criminel du Châtelet, qu'en la Cour pardevant le Conſeiller-Rapporteur, & de la confrontation faite deſdits Témoins auxdits de Lally, de Gadeville, Poully, de Ferre, Chaponnay, Meagher, Alen & Rochette, les 27 Juillet, 11, 13, 23, 24, 25 & 28 Août 1764; enſemble le Procès-verbal de recollement deſdits Accuſés en leurs interrogatoires du 17 Mai 1765, & jours ſuivans; & de la confrontation d'Accuſés ſur leurs interrogatoires du 29 Juillet 1765, & jours ſuivans; d'autre confrontation d'Accuſés ſur leurs interrogatoires du 29 Août, audit an 1765; le tout fait pardevant ledit Me. de Bretigneres, Conſeiller, en exécution dudit Arrêt de la Cour du 6 Juin 1764: La Requête du Procureur Général du Roi du 6 Juin 1764, tendante à ce qu'il fût ordonné que pardevant le Conſeiller-Rapporteur, & en préſence de l'un des Subſtituts du Procureur Général du Roi, les Piéces écrites en Langue Angloiſe, trouvées ſous les ſcellés appoſés ſur les papiers dudit de Lally & autres Accuſés, lors de la levée d'iceux, ſeroient traduites en François par tel Interprête qu'il plairoit à la

Cour, lequel, à cet effet, prêteroit ferment devant ledit Conſeiller, en préſence de l'un des Subſtituts du Procureur Général du Roi, pour, ladite traduction faite, ſervir à l'Inſtruction & Jugement dudit Procès ce que de raiſon: L'Arrêt de la Cour rendu ſur ladite Requête & en conformité d'icelle, ledit jour 6 Juin 1764, & par lequel Jean-Baptiſte Decolins a été nommé Interprête pour faire ladite traduction : Le Procès-verbal dudit M^e^ Paſquier, Conſeiller, fait à l'occaſion de ladite traduction le vingt-huit Mars mil ſept cent ſoixante-cinq, en exécution dudit Arrêt: Autre Arrêt de la Cour du 7 Septembre 1764, par lequel il auroit été ordonné que ledit Guillaume Meagher ſeroit élargi & mis en liberté, à la charge par lui de ſe réintégrer dans les Priſons toutes fois & quantes par la Cour ſeroit ordonné : Autre Arrêt de la Cour du 23 Janvier 1765, par lequel il auroit été ordonné que Jacques-Philippe Hurpy & Joſeph-Louis-Denis Jacquelot, ci-devant Gardes dudit de Lally, ſeroient pris au corps & conduits priſonniers, ſuivant & aux termes des Lettres-Patentes du 12 Janvier 1764, enregiſtrées en la Cour le 19 dudit mois, & le Comte d'Aché, Chef d'Eſcadre, aſſigné, pour être tous ouis & interrogés pardevant le Conſeiller-Rapporteur, ſur les faits réſultans des informations & autres ſur leſquels le Procureur Général du Roi voudroit les faire entendre ; & où leſdits Hurpy & Jacquelot ne pourroient être pris & appréhendés, après perquiſitions de leurs perſonnes, aſſignés à quinzaine, leurs biens ſaiſis & annotés, & à iceux Commiſſaires établis, juſqu'à ce qu'ils aient obéi ſuivant l'Ordonnance ; auroit été ordonné en outre, que l'information du 26 Juin 1764 & jours ſuivans, ſeroit continuée, à l'effet de quoi le Conſeiller-Rapporteur auroit été autoriſé à ſe tranſporter en la maiſon du Chevalier de Rhuis, pour l'entendre en dépoſition,

& ledit Me de Bretigneres, de se transporter dans ladite maison, pour procéder au recollement de ce Témoin sur sa déposition, & à sa confrontation aux Accusés, s'il en étoit besoin; pourquoi lesdits Accusés aussi, s'il en étoit besoin, seroient conduits, sous bonne & sûre garde, en la maison dudit Chevalier de Rhuis : La seconde continuation d'information faite par le Conseiller-Rapporteur, en exécution dudit Arrêt, le 24 Janvier 1765, ladite continuation d'information composée de vingt Témoins, du nombre desquels est le Chevalier de Rhuis : L'interrogatoire subi aussi en exécution dudit Arrêt, pardevant le Conseiller-Rapporteur, le quinze Janvier mil sept cens soixante-cinq & jours suivans, par ledit Anne-Antoine d'Aché : L'Arrêt de la Cour du onze Mai mil sept cens soixante-cinq, par lequel il auroit été ordonné que les nommés Fossier, Valet-de-Chambre-Perruquier dudit de Lally, & Deschaux, Maître-d'Hôtel dudit de Lally, seroient pris & appréhendés au corps, & conduits prisonniers suivant & aux termes des Lettres-Patentes du 12 Janvier 1764, enregistrées en la Cour le 19 desd. mois & an, led. Arrêt rendu sur les Conclusions du Procureur-Général du Roi: Les Interrogatoires subis par-devant le Conseiller Rapporteur, en exécution dud. Arrêt, le 14 dud. mois de May 1765. par lesd. Fossier & Deschaux: L'Arrêt de la Cour du 23 May 1765, par lequel il auroit été ordonné que lesd. Fossier & Deschaux seroient mis en liberté, à la charge par eux de se représenter en état d'assigné pour être oüis, toutes fois & quantes par la Cour seroit ordonné, faisant à cet effet leurs soumissions, & élisant domiciles: Autre Arrêt de la Cour, du 4 Juillet 1765, rendu sur la requête du Procureur-Général du Roi, visée audit Arrêt, par lequel il auroit été ordonné que ledit Comte d'Aché seroit de nouveau oui & interrogé pardevant le Conſeiller - Rapporteur : L'Interrogatoire ſubi par ledit Comte d'Aché, en exécution dud. Arrêt, pardevant le Conſeiller Rapporteur le 17 Juillet 1765 : Autre Arrêt de la Cour du 5 dudit mois de Juillet 1765, rendu ſur la requête du Procureur-Général du Roi viſée audit Arrêt, par lequel il auroit été ordonné que l'imprimé du Manifeſte en langue Angloiſe ſeroit traduit en Françoiſe, par ledit Jean-Baptiſte-Gilles de Colins, Interprète du Roi : Le Procès-verbal fait par le Conſeiller Rapporteur, le 9 dud. mois de Juillet 1765, en exécution dud. Arrêt, à l'occaſion de la traduction de lad. Piéce, ledit Procès-verbal fait en préſence de l'un des Subſtituts du Procureur Général du Roi: Autre Arrêt de la Cour du 9 Août 1765, par lequel il auroit été ordonné que led. Jean-Ferdinand Rochette ſeroit élargi & mis en liberté, à la charge par lui de ſe repréſenter en état d'ajournement perſonnel, toutes fois & quantes par la Cour ſeroit ordonné: Autres Arrêts du 9 Août 1765, par leſquels leſdits de Lally, Gadeville, Chaponnay, Poully & Alen, auroient été déboutés de leurs demandes à fin de Conſeil, & auroit joint leurs demandes à fin de liberté au Procès, pour, en jugeant, y avoir tel égard que de raiſon : Les Procès-verbaux de perquiſition faits par Griveau, Huiſſier de la Cour, des perſonnes de le Comte, Moracin, de Laſelle, & des nommés Michelart & ſa femme, à l'effet de leur donner Aſſignation; ſçavoir, audit le Comte, pour être confronté audit de Lally & autres accuſés, auxdits Moracin & Laſelle, pour être confrontés à Bazin, auxdits Michelart & ſa femme, pour être confrontés à Foſſier & Deſchaux pardevant Me de Bretignieres, Conſeiller; leſdits Procès-verbaux faits par exploits des 30 May, 22 & 27 Juillet mil ſept cent ſoixante-cinq, & huit Avril 1766 : L'Aſſignation donnée par Griveau, Huiſſier de la Cour, le deux Juin

1764, au Frere Freinch, Dominicain Irlandois, au nommé Ramalinga, & aux deux Quidams, Lieutenans au Régiment de Lorraine, à comparoir a quinzaine, & pour ce faire, se mettre en état dans le Château-Royal de la Bastille, conformément aux Lettres-Patentes du 12 Janvier 1764, registrées en la Cour le 19 dud. mois, pour être ouis & interrogés pardevant le Conseiller Rapporteur, en exécution de l'Arrêt de la Cour du 9 Avril aud. an 1764, avec déclaration que faute par eux de ce faire, leur procès leur seroit fait & parfait par Contumax, suivant la rigueur des Ordonnances: Le défaut obtenu par le Proc. Gén. du Roi, au Greffe Criminel des présentations de la Cour le 10 Juin 1765, pour le profit duquel auroit été ordonné que le F. Freinch, Ramalinga & lesdits deux Quidams, Lieutenans au Régiment de Lorraine, accusés, seroient assignés par un seul cri public, à la huitaine : L'assignation donnée auxdits Freinch, Ramalinga, & auxdits deux Quidams, Lieutenans au Régiment de Lorraine, le 19 Juin 1765, à son de trompe & à cri public dans les places & carrefours de cette Ville, à comparoir à la huitaine, & se mettre en état audit Château, à l'effet de subir interrogatoire pardevant le Conseiller-Rapporteur, en exécution dudit Arrêt de la Cour du 9 Avril 1764: Autre défaut obtenu au Greffe Criminel des Présentations de la Cour par le Procureur Général du Roi, le 3 Septembre 1765, sur ladite assignation du dix-neuf Juin précédent, contre lesdits Freinch, Ramalinga, & deux Quidams, Lieutenans au Régiment de Lorraine : L'assignation à quinzaine donnée à l'Abbé Noronha, par exploit de Griveau, Huissier de la Cour, le 29 Août 1764, en exécution de l'Arrêt de la Cour du 6 Juin précédent, à l'effet par lui de se mettre en état au Château Royal de la Bastille, conformément aux Lettres Patentes du 12 Janvier 1764 : Le défaut obtenu par le Procureur Général, au Greffe Criminel des Préſentations de la Cour, le 28 Juin 1765, contre ledit Abbé Noronha, pour le profit duquel défaut, auroit été ordonné que ledit Abbé Noronha ſeroit réaſſigné à la huitaine par un ſeul cri public: L'aſſignation à la huitaine donnée audit Abbé Noronha, à ſon de trompe & cri public, dans les places & carrefours de cette Ville, à comparoir à la huitaine, & ſe mettre en état audit Château, à l'effet de ſubir interrogatoire pardevant le Conſeiller-Rapporteur, en exécution dudit Arrêt de la Cour du 6 Juin 1764; le défaut obtenu par le Procureur Général du Roi, au Greffe Criminel des préſentations de la Cour, le 3 Sept. 1765, ſur ladite aſſignation du 6 Juillet 1765, contre ledit Abbé Noronha: Autre aſſignation à quinzaine, donnée par Griveau, Huiſſier de la Cour, le 17 Avril 1765, aux nommés Jacques-Philippe Hurpy, & Joſeph-Louis-Denis Jacquelot; à l'effet par eux de ſe mettre en état au Château Royal de la Baſtille, conformément aux Lettres-Patentes du 12 Janvier 1764, régiſtrées en la Cour le 19 deſdits mois & an, pour ſubir interrogatoire pardevant le Conſeiller-Rapporteur, en exécution de l'Arrêt de la Cour, du 23 Janvier 1765: Le défaut obtenu par le Procureur-Général du Roi, au Greffe Criminel des préſentations de la Cour, le 24 Juillet 1765, contre leſdits Jacques-Philippe Hurpy, & Joſeph-Louis-Denys Jacquelot, pour le profit duquel défaut auroit été ordonné que leſdits Hurpy & Jacquelot ſeroient réaſſignés par un ſeul cri public à la huitaine: L'aſſignation à la huitaine, donnée auxdits Jacques-Philippe Hurpy, & Joſeph-Louis-Denis Jacquelot, à ſon de trompe & cri public dans les Places & Carrefours de cette Ville, à l'effet de ſe mettre dans huitaine en état audit Château de la Baſtille, pour ſubir interrogatoire pardevant le Conſeiller-Rapporteur, en exécution dudit Arrêt de la Cour, du 23 Janvier 1765; ladite aſſignation en date du 31 Juillet 1765 : défaut obtenu par le Procureur Général du Roi, au Greffe Criminel des préſentations de la Cour, le 3 Septembre 1765, ſur ladite aſſignation du trois Juillet mil ſept cent ſoixante-cinq : L'Arrêt de la Cour du 30 Avril 1766, par lequel la contumace contre le F. Freinch, le nommé Ramalinga, l'Abbé Noronha, & leſdits Jacques-Philippe Hurpy & Joſeph-Louis-Denis Jacquelot, auroit été déclarée bien & valablement inſtruite; & avant d'en adjuger le profit, auroit été ordonné que les récollemens vaudroient confrontation contr'eux, & que ladite contumace ſeroit jointe au procès: Autre Arrêt de la Cour du 19 Mars 1766, par lequel en voyant le Procès, il auroit été ordonné que dans le délai & ſous les peines y portées, leſdits Guillaume Meagher, Jean-Ferdinand Rochette, Charles Foſſier & Jean Deſchaux, ſeroient tenus de ſe mettre en état ès priſons de la Conciergerie du Palais, & que leſdits Anne-Antoine d'Aché, Jean-Georges, Vicomte de Fumel, Auguſtin-Antoine Derard de Chamboy, & Charles-François de Bazin, ſeroient tenus de ſe rendre aux pieds de la Cour pour le Jugement dudit Procès: La ſignification faite par exploit de Griveau, Huiſſier de la Cour, auxdits Meagher, Rochette, Foſſier & Deſchaux, le 2 Avril 1766, de l'Arrêt de la Cour du 19 Mars précédent, avec ſommation de ſe mettre en état ès priſons de la Conciergerie du Palais dans le délai porté audit Arrêt: Autres ſignifications faites auſſi par exploit de Griveau, Huiſſier de la Cour, des 5 & 12 Avril 1766, du même Arrêt de la Cour du dix-neuf Mars précédent, auxdits de Chamboy, de Bazin, de Fumel & d'Aché, avec ſommation de ſatisfaire de leur part audit Arrêt de la Cour: Les Actes mis au Greffe Criminel de la Cour par leſdits

lesdits de Bazin, de Chamboy, de Fumel, assistés de leurs Procureurs, les 28 Août 1765, 14 & 19 Avril 1766, portant soumissions de leur part de se rendre aux pieds de la Cour, pour le Jugement dudit Procès, à toutes les sommations qui leur en seroient faites, ayant, pour cet effet, fait élection de domicile en la maison de leurs Procureurs y désignés: La sommation faite par exploit dudit Griveau, le 19 Avril 1766, auxdits sieurs de Fumel, Bazin & Chamboy, aux domiciles par eux élus par leurs actes de soumissions, à l'effet par eux de se rendre aux pieds de la Cour dans le tems y porté, pour le jugement dudit Procès, avec déclaration, que faute par eux de ce faire, il y seroit procédé & passé outre, tant en leur absence que présence: La Requête donnée en la Cour par Jean-Baptiste Berthelin, ci-devant Négociant à Pondichery, contenant demande à ce que ledit Comte de Lally fût condamné en 150000 livres de dommages & intérêts envers ledit Berthelin, par forme de réparation civile, résultant de la calomnieuse & téméraire accusation qu'il lui a suscitée, & des outrages qu'il a exercés contre lui, ainsi que des pertes & dommages qu'il lui a causés, sauf audit Berthelin à se pourvoir pardevant qui & ainsi qu'il appartiendra, pour se faire restituer les vingt mille roupies dont est question en ladite Requête, au bas de laquelle est l'Ordonnance de la Cour, par laquelle il auroit été réservé à y faire droit en jugeant: La Requête dudit Anne-Antoine d'Aché du 29 Avril 1766, à ce qu'il lui fût donné acte de ce que, pour moyen d'atténuation contre les plaintes & accusations contre lui formées à la requête du Procureur-Général du Roi, il employoit le contenu en son Mémoire imprimé, signé de lui & de Desjobert, son Procureur, ainsi que les Piéces qui y sont énoncées, ensemble celles énoncées en ladite Requête qui contient en outre, demande à ce qu'il fût renvoyé de lad. accusation; que l'Arrêt à intervenir seroit imprimé & affiché aux frais de qui il plairoit à la Cour ordonner, sous la réserve expresse par lui faite de se pourvoir par toutes voies de droit, pour raison de toutes délations & dénonciations témérairement faites au Procureur-Général & à tous autres, contre lui Comte d'Aché, au bas de laquelle Requête est l'Ordonnance de la Cour, par laquelle il auroit été réservé à y être fait droit en jugeant: La Requête de Luc Alen, ci-devant Major du Régiment de Lally, & Aide-Major Général de l'expédition de l'Inde, contenant demande à ce qu'il fût ordonné que les dépositions des Témoins seroient nulles & comme non faites, qu'il seroit élargi sans délai, & que ses délateurs lui seroient dénoncés pour les prendre à partie, & poursuivre contre eux telles réparations, dommages & intérêts que de droit, au bas de laquelle Requête est l'Ordonnance de la Cour, par laquelle il auroit été réservé à y être fait droit en jugeant: La Requête de Thomas Artur, Comte de Lally, Lieutenant-Général des Armées du Roi, Grand'Croix de l'Ordre Royal & Militaire de Saint Louis, à ce qu'il lui fût donné acte de ce que, pour moyen d'atténuation au Procès criminel contre lui intenté, à la requête du Procureur Général du Roi, il employoit & produisoit les Pieces & Mémoires énoncés en ladite Requête, pour, lesdits Mémoires & Pieces rapportés & lus en la Cour, & les preuves littérales en résultantes, comparées avec les prétendues preuves vocales qui pourroient être induites des charges & informations, en conséquence il fût déchargé de l'accusation contre lui intentée de concussions, malversations, déprédations, hautes trahisons, & autres faits quelconques, même de l'accusation d'abus d'authorité en toutes autres parties que celles concernant le militaire, dont la connoiſſance, circonſtances & dépendances n'appartiennent qu'à un Conſeil de guerre, que ledit de Lally n'a ceſſé & ne ceſſeroit jamais de réclamer, & pardevant lequel il ſupplioit la Cour de le renvoyer ; il fût ordonné que l'écrou dudit de Lally ſeroit rayé de tous regiſtres où il ſe trouveroit inſcrit, à ce faire tous Greffiers & Geoliers contraints par les voies qu'ils y ſont tenus, quoi faiſant déchargés ; il lui fût permis de faire imprimer & afficher l'Arrêt par-tout où beſoin ſeroit, ſauf à lui à ſe pourvoir contre tous dénonciateurs & délateurs, ainſi qu'il aviſeroit, & par toutes voies de droit ; & où la Cour ne ſe trouveroit pas ſuffiſamment inſtruite, audit cas faiſant droit ſur ſa demande à fin de communication de pieces, il fût ordonné que toutes les pieces apportées au Greffe de la Cour, autres que celles repréſentées audit de Lally, lors des interrogatoires & confrontations, lui ſoient communiquées ſous le récepiſſé de ſon Procureur, ou même par la voie du Greffe, & ſans déplacer, pour être, après ladite communication, dit, écrit par ledit de Lally pour ſa décharge tout ce qu'il aviſeroit, & par la Cour ſtatué ce qu'il appartiendroit, le tout ſous la réſerve expreſſe des moyens de fait & de droit dudit de Lally, même de donner telle autre plus ample requête d'atténuation qu'il aviſeroit ; au bas de laquelle requête eſt l'Ordonnance de la Cour, par laquelle il auroit été réſervé à y être fait droit en jugeant, & la ſignification deſdites requête & ordonnance : Autre requête dudit Sieur Comte d'Aché, du 5 Mai 1766, contenant demande à ce qu'il fût ordonné que les faits calomnieux & termes injurieux répandus dans les différens Mémoires dudit Comte de Lally contre lui d'Aché, ſeront rayés & biffés par le Greffier de la Cour, qui en dreſſera procès-verbal aux frais dudit de Lally, il fût permis audit Comte d'Aché de faire imprimer & afficher l'Arrêt partout où besoin seroit, en tel nombre d'exemplaires qu'il plairoit à la Cour, comme aussi de faire imprimer, si bon lui sembloit, à la fin dudit Arrêt un extrait dudit procès-verbal de radiation; que ledit de Lally fût condamné aux dépens, même aux frais de l'impression des Réponses que lui d'Aché s'est vû dans la nécessité de faire pour prouver lesdits faits calomnieux & termes injurieux répandus dans les différens Mémoires dudit Comte de Lally, au bas de laquelle requête qui contient en outre production des pieces y énoncées est l'Ordonnance de la Cour, par laquelle il auroit été réservé à y être fait droit en jugeant, & la signification desdites requête & ordonnance, les pieces jointes & énoncées en la requête dudit de Lally, & aux deux requêtes dudit Comte d'Aché, aux inductions qui en ont été tirées; les conclusions définitives du Procureur Général du Roi sur ledit Procès. Ouis & interrogés en la Cour ledit Thomas Artur de Lally, Joseph-François de Ferre, Anne-Antoine d'Aché, Armand-Antonin-François Fretard de Gadeville, Jacques Hugues de Chaponnay, Jacques Pouly, Luc Alen, Guillaume Meagher, Jean-Ferdinand Rochette, Jean Deschaux, Charles Fossier, sur les cas à eux imposés & faits résultans du Procès, oui le rapport de Me Denis-Louis Pasquier, Conseiller: Tout considéré;

LA COUR, la Grand'Chambre assemblée, avant faire droit sur l'accusation intentée contre Joseph-François de Ferre, ordonne qu'il se retirera par devers le Roi, pour se pourvoir de Lettres de rémission; sans s'arrêter aux Requêtes & demandes dudit de Lally, dont il est débouté, ni aux reproches par lui fournis contre les témoins, lesquels sont déclarés non pertinens

& inadmiſſibles, déclare ledit Thomas Artur de Lally dûement atteint & convaincu d'avoir trahi les intérêts du Roi, de ſon Etat, & de la Compagnie des Indes, d'abus d'autorité, vexations & exactions envers les Sujets du Roi & Etrangers habitans de Pondichery; pour réparation de quoi & autres cas réſultans du procès, l'a privé des ſes état, honneurs & dignités, l'a condamné & condamne à avoir la tête tranchee par l'Exécuteur de la Haute-Juſtice, ſur un échaffaut qui pour cet effet ſera dreſſé en la place de Greve; déclare tous ſes biens acquis & confiſqués au Roi, ſur iceux préalablement pris la ſomme de dix mille livres d'amende applicable au pain des priſonniers de la Conciergerie du Palais, & trois cens mille livres applicables aux pauvres Habitans de Pondichery, ainſi qu'il en ſera ordonné par le Roi: ſurſeoit à faire droit ſur les plaintes & accuſations intentées contre Armand-Antonin-François Fretard de Gadeville, Jacques-Hugues de Chaponnay & Jacques Poully, juſqu'après l'exécution dudit Thomas Artur de Lally, ſur l'accuſation intentée contre ledit Luc Alen, a mis & met les Parties hors de Cour, renvoye ledit Anne-Antoine d'Aché de l'accuſation contre lui intentée; ordonne que les termes injurieux audit d'Aché, répandus dans les Mémoires dudit de Lally, ſeront rayés & biffés comme injurieux & calomnieux; que de ladite radiation procès-verbal ſera dreſſé par le Greffier de la Cour, en préſence du Conſeiller-Rapporteur, dont expédition ſera délivrée audit d'Aché aux frais dudit de Lally; condamne ledit de Lally aux dépens envers ledit d'Aché; renvoye pareillement Jean-Georges, Vicomte de Fumel, Auguſtin-Antoine Derard de Chamboy, Charles-François de Bazin, Jean-Ferdinand Rochette, Guillaume Meagher, Jean Deſchaux & Charles Foſſier des accuſations contr'eux intentées; ordonne que lesdits Rochette, Meagher, Deschaux & Fossier seront élargis & mis hors des prisons où ils sont détenus, & que leurs écrous seront rayés & biffés de tous Registres où ils sont inscrits, à ce faire tous Greffiers & Geoliers contraints, même par corps, quoi faisant déchargés; avant faire droit sur l'accusation intentée contre l'Abbé Noronha, le Frere Freinch, Ramalinga, les deux Quidams Lieutenants au Régiment de Lorraine, les nommés Hurpy & Jacquelot dont la contumace a été déclarée bien instruite par l'Arrêt du 30 Avril 1766, ordonne qu'à la requête du Procureur Général du Roi, & pardevant le Conseiller Rapporteur, il sera plus amplement informé contr'eux, pendant un an, des faits mentionnés au Procès, circonstances & dépendances, pour, l'information faite, communiquée au Procureur Général du Roi, & vue par la Cour, la Grand'Chambre assemblée, être ordonné ce qu'il appartiendra; sur la demande dudit Berthelin en dommages & intérêts contre ledit de Lally, a mis & met les Parties hors de Cour, sauf audit Berthelin à se pourvoir pour la restitution des vingt mille roupies par lui payées, & dont est question, contre qui & ainsi qu'il avisera bon être; ordonne que tous les Mémoires dudit de Lally, joints à sa Requête d'atténuation, seront supprimés comme contenant des faits faux & calomnieux. Ordonne en outre que le présent Arrêt sera imprimé, publié & affiché par-tout où besoin sera, & que copies d'icelui seront envoyées dans les Colonies. Fait en Parlement, la Grand'-Chambre assemblée, le six Mai mil sept cens soixante-six. Collationné, PROT.

Signé, RICHARD.

A PARIS, chez P. G. SIMON, Imprimeur du Parlement, rue de la Harpe, à l'Hercule, 1766.

www.ingramcontent.com/pod-product-compliance
Lightning Source LLC
LaVergne TN
LVHW052026160826
845678LV00003B/1224

* 9 7 8 2 3 2 9 6 3 4 8 7 6 *